LIDERANÇA

Aprimore Suas Habilidades De Comunicação E
Gestão Eficaz Para Crescimento Profissional

(Guia De Gestão Para Ser Excepcional Em
Influencia, Comunicação E Tomada De Decisão)

Juan Polk

Traduzido por Daniel Heath

Juan Polk

Liderança: Aprimore Suas Habilidades De Comunicação E Gestão Eficaz Para Crescimento Profissional (Guia De Gestão Para Ser Excepcional Em Influencia, Comunicação E Tomada De Decisão)

ISBN 978-1-989837-65-8

Termos e Condições

De modo nenhum é permitido reproduzir, duplicar ou até mesmo transmitir qualquer parte deste documento em meios eletrônicos ou impressos. A gravação desta publicação é estritamente proibida e qualquer armazenamento deste documento não é permitido, a menos que haja permissão por escrito do editor. Todos os direitos são reservados.

As informações fornecidas neste documento são declaradas verdadeiras e consistentes, na medida em que qualquer responsabilidade, em termos de desatenção ou de outra forma, por qualquer uso ou abuso de quaisquer políticas, processos ou instruções contidas, é de responsabilidade exclusiva e pessoal do leitor destinatário. Sob nenhuma circunstância qualquer, responsabilidade legal ou culpa será imposta ao editor por qualquer reparação, dano ou perda monetária devida às informações aqui contidas, direta ou indiretamente. Os respectivos autores são proprietários de todos os direitos autorais não detidos pelo editor.

Aviso Legal:

Este livro é protegido por direitos autorais. Ele é designado exclusivamente para uso pessoal. Você não pode alterar, distribuir, vender, usar, citar ou parafrasear qualquer parte ou o conteúdo deste ebook sem o consentimento do autor ou proprietário dos direitos autorais. Ações legais poderão ser tomadas caso isso seja violado.

Termos de Responsabilidade:

Observe também que as informações contidas neste documento são apenas para fins educacionais e de entretenimento. Todo esforço foi feito para fornecer informações completas precisas, atualizadas e confiáveis. Nenhuma garantia de qualquer tipo é expressa ou mesmo implícita. Os leitores reconhecem que o autor não está envolvido na prestação de aconselhamento jurídico, financeiro, médico ou profissional.

Ao ler este documento, o leitor concorda que sob nenhuma circunstância somos responsáveis por quaisquer perdas, diretas ou indiretas, que venham a ocorrer como resultado do uso de informações contidas neste documento, incluindo, mas não limitado a, erros, omissões, ou imprecisões.

Índice

Parte 1 1

Introdução 2

Visão Geral Da Evolução De Gerações 4

Entendendo A Geração Y E Suas Principais Características 10

Estratégias De Liderança Para Lidar Os Millennials: Mudar A Abordagem Padronizada 20

Conecte-Se Com Sua Força De Trabalho Millennial 26

Valorize Sua Força De Trabalho Millennial E Dê A Eles A Chance De Crescer... 33

Aproveite Sua Afinidade Com Tecnologia E Rede De Contatos 40

Conclusão 42

Parte 2 43

Introdução 44

Quem É Um Líder E A Importância Da Boa Capacidade De Comunicação Na Liderança 46

POR QUE É IMPORTANTE SE COMUNICAR EFETIVAMENTE QUANDO SE ESTÁ LIDERANDO PESSOAS? 47

PORQUE CONQUISTAR A CONFIANÇA DA SUA EQUIPE.................. 48

Entendendo A Diversidade Na Sua Equipe 50

SUA EQUIPE PROVAVELMENTE TEM UMA MISTURA DE GERAÇÕES... 50

- PAIXÃO POR INTERAÇÃO SOCIAL 51

- SÃO AFICIONADOS POR TECNOLOGIA 52

- QUEREM MAIS CARA-A-CARA E FEEDBACKS 52

- GOSTAM DE TER O CONTROLE DAS COISAS 53

- AMAM ESTAR NO COMANDO 54

Estratégias Eficazes De Comunicação Que Você Deve Usar Para Liderar E Influenciar Sua Equipe................................. 56

DESCUBRA O QUE OS MEMBROS DA SUA EQUIPE PRECISAM 56
- ESCUTE SUA EQUIPE 58
- OBSERVE SEUS PADRÕES DE TRABALHO 60
- MUDE O MODELO DE "TAMANHO ÚNICO" 61
- EXPONHA CLARAMENTE PARA SUA EQUIPE O PROPÓSITO DA EMPRESA E AS RESPONSABILIDADES DO CARGO............................ 63
- CRIE UMA GESTÃO INTERMEDIÁRIA 64
- INTERAJA MAIS COM A SUA EQUIPE FORA DO AMBIENTE DE TRABALHO 64

Conquistando A Confiança De Sua Equipe E Funcionários. 67

CONTRUA RELACIONAMENTOS SAUDÁVEIS 67
ALINHE O TRABALHO COM SUAS PAIXÕES, INTERESSES E TALENTOS . 68
VALORIZE E RECOMPENSE SUA EQUIPE 70
CULTIVE UMA CULTURA DE RESPONSABILIDADE............................ 71
AJUDE OS MEMBROS DA EQUIPE A CRESCER 73
ASSUMA A RESPONSABILIDADE 74

Como Inspirar Sua Equipe E Construir Líderes 76

- DÊ DESAFIOS 77
- TOME AS ATITUDES FORTES E IMPORTANTES NA HORA CERTA 77
- SEJA UM MODELO A SEGUIR... 78

Conclusão 80

Parte 1

Introdução

Eu quero te agradecer e parabenizá-lo por baixar o livro.

Este livro contém passos e estratégias de como liderar e lidar a Nova Geração Millennial de empregados.

Os Millennials, coloquialmente conhecidos como Geração Y se refere a geração nascida entre 1980 e 2000, ou de acordo com algumas fontes, nascidos entre 1976 e 2001. Esta geração compreende por volta de 80 milhões de pessoas que estão planejando se juntar o já se juntaram a força de trabalho americana. Em 2014, por volta de 36 por cento da força de trabalho nos Estados Unidos consistia de indivíduos na categoria da Geração Y. Além disso, estatísticas indicam que por volta de 2020, 46 por cento da força de trabalho dos Estados Unidos compreenderá está geração.

O volume maciço da Geração Y na força de trabalho significa que haverá um volume comparativamente menor da Geração X e "Baby Boomer" na força de trabalho dos Estados Unidos. Pelo fato de da Geração X edos"BabyBoomers" terem vindo antes dos Millennials, eles provavelmente estarão nas posições administrativas e executivas das firmas e organizações que empregam Millennials.

Além do mais, pelos Millennials serem diferentes dos "Baby Boomers" e da Geração X, aí existe uma ampla diferença de opiniões entre estas gerações, por essa razão os executivos e administradores "Baby Boomers" e da Geração X enfrentam desafios em lidar com os Millennials.

Este livro é um guia de gestão para gestores "baby boomers" e da geração X que administram os Millennials. O guia fornece uma visão detalhada de como liderar Millennials para que as gerações mais velhas possam administra-los com sucesso e usar seu potencial e talento para beneficiar as organizações.

Obrigado mais um vez por baixar este livro, espero que você goste!

Visão Geral da Evolução de Gerações

Antes de discutirmos como liderar a força de trabalho composta em grande parte por Millennials, é importante esclarecer como as gerações evoluíram da Geração GI direto para Geração Z. Fazendo isto, você terá uma melhor visão de como a Geração Y evoluiu:

A Geração GI

A Geração GI refere-se ao grupo de pessoas nascidas entre 1901 e 1924; compreende indivíduos que agora estão acima de 85 anos. Durante a grande depressão, indivíduos da Geração GI eram adolescentes e lutaram na Segunda Guerra Mundial.

Também conhecida com a "geração do balanço" ou a "geração grandiosa" devido ao seu amor pelo estilo jazz, esta geração desenvolveu grandes valores de obrigação, honra, fé, e responsabilidade pessoal. Os esforços desta geração fez dos Estados Unidos um lugar mais seguro e melhor para se viver; esta geração também ajudou a construir a economia do país.

A Geração Silenciosa

A Geração Silenciosa compreende indivíduos nascidos entre 1925 e 1942. Aqueles que fazem parte da Geração Silenciosa eram crianças e bebês durante a Segunda Guerra Mundial; assim, eles não se lembram da Segunda Guerra Mundial.

Existem muitas teorias que explicam porque esta geração foi rotulada como a "Geração Silenciosa". Crianças nascida nesta geração ficavam quietas (a maior parte do tempo), focadas no trabalho duro, e seguindo as regras com eram ditadas. Naquele tempo, a doutrina popular era que as crianças não deveriam se ouvidas, elas deveriam apenas ser vistas; assim, a "geração silenciosa" permaneceu silenciosa.

Além do mais, o Parlamento lançou um ataque à liberdade política no país. Isto, com esforços extremos do Senador Joseph McCarthy para alimentar os sentimentos anticomunistas no país tornou altamente perigoso para os cidadãosdo país expressar suas crenças e opiniões. Eles se tornaram altamente cautelosos com quem passavam o tempo e aonde eles iam, assim, o rótulo "Geração Silenciosa".

Um artigo publicado na revista "Time" descreveu esta geração como cautelosa, não aventureira, retraída, e sem imaginação.

Baby Boomers

Nascidos entre 1943 e 1964, os "baby boomers" são da geração nascida durante a explosão econômica que foi seguida pela Segunda Guerra Mundial. Estas crianças envolveram-se em protestos contra a Guerra do Vietnam e participaram de diferentes movimentos pelos direitos civis.

Os "BabyBoomers" tem qualidades amáveis e provaram ser um excelente recurso para o país. Eles são centrado no trabalho, direcionados por um objetivo, independentes, competitivos, trabalham duro, e tem grande realização pessoal. Muitos empresas de sucesso que você vê no país hoje são criações de "Baby Boomers".

Geração X

A Geração X seguiu os BabyBoomers; esta geração consiste daqueles nascidos entre 1965 e 1979. Originalmente conhecidos os "baby busters" porque a taxa de fertilidade de repente caiu depois dos "babyBoomers", a Geração X sofreu a

7

epidêmia de AIDS na adolescência e viu a queda do muro de Berlin. As crianças da Geração X começaram a conviver com a tecnologia e também são conhecidos com "quebradores de regras".

A Geração Y

Nascidos entre 1980 e 2000, a Geração Y, também conhecida como EchoBoomers, Próxima Geração, Adolescente das Telas, Millennials, Geração dos MySpace, Facebooqueiros, a Geração "Baby-on-Board, compreende indivíduos altamente dependente da tecnologia.

A Geração Y é altamente talentosa, confiante, ambiciosa, de bons comunicadores, e excelentes membros de equipe.

A Geração Z

A Geração Z, também conhecida com Geração "Eu" consiste de indivíduos nascidos entre 2001 e 2013 e compreende crianças e adolescentes fortemente confiantes na tecnologia e a internet. Esta geração consiste de pessoas hiperativas, cínicas e reservadas que tem boas habilidades empreendedoras e são excelentes em multitarefas.

Embora a Geração Z seja a a última de todas as gerações, este livro foca nos Millennials porque eles constituem a maior porção da força de trabalho e está trabalhando sob a liderança de Baby Boomers.

Agora que você sabe como as diferentes gerações evoluíram, vamos passar a discutir as técnicas de liderança que os baby boomersprecisam aplicar para administrar e otimizar a Geração Y.

Antes de fazermos isso, vamos discutir como os Millennials são diferentes dos Baby Boomers e da Geração X e como as gerações ancestrais dos Millennials podem liderá-los e administrá-los melhor.

Entendendo a Geração Y e Suas Principais Características

A principal razão pela qual a Geração X e Baby Boomers tem problemas em administrar seus empregados, que em sua grande maioria são da Geração Y é porque os primeiros não conseguem entender os últimos. Os BabyBoomer não conhecem as características e traços da Geração Y, por isso acham desafiador liderá-los.

Neste capítulo, nós iremos falar sobre Geração Y e entendê-la melhor. O propósito disto é equipá-los com o conhecimento que você precisa para entender a geração Y e se conectar com ela. Além disso, nós iremos discutir de maneira particular como os Millennials se diferem da Geração Xe dos Baby Boomers para que você possa entender porque a grande diferença de opiniões existe.

Olhando Mais Fundo: Entendendo os Millennials

AGeração Y é o maior grupo de força de trabalho a emergir desde a enorme geração baby boomer. Assim, é essencial para qualquer gestor, como já falamos, a maior parte dos indivíduos no papel gerencial hoje em dia estão na categoria de baby boomers,entender os Millennials.

Os Millennials são altamente habilidosos particularmente no campo da tecnologia; eles também são bem educados. Pela maioria dos Millennials terem recebido educação de alta qualidade, eles são competitivos e conhecedores do que eles fazem.

Eles são incrivelmente energéticos e trabalham com muito zelo e gosto. Por confiarem muito na tecnologia, eles acham fácil fazer multitarefas, poiseles tem dispositivos e instrumentos aos quais recorrer quando estão completando suas tarefas

A Geração Y também estabelece objetivos altos, por isso esta geração é altamente ambiciosa. Eles não se contentam com o "bom o bastante"; e lutam pela excelência. Seu desejo é aperfeiçoar tudo o que fazem; por isso eles incorporam dispositivos tecnológicos e tecnologia avançada em seu trabalho para que possam alcançar resultados incríveis e rendimento máximo por seus esforços.

A Geração Y ama buscar desafios e adora trabalhar em um ambiente competitivo. Eles não gostam de planos avançados (especialmente se eles não são os responsáveis por fazer os planos): eles querem trabalhar duro por tudo. Embora eles busquem desafios em seu ambiente de trabalho, eles anseiam por equilíbrio em sua vida pessoal e profissional e trabalham duro para adquirir este equilíbrio.

Além disso, os Millennials querem socialização. Eles não gostam de isolamento e adoram interagir com os outros. É por isso que eles organizam tantas festas para poderem ter mais oportunidade de se misturar. Isso explica porque eles preferem trabalhar em equipes.

Pelo fato dos Millennials serem cheios de energia, eles são um pouco impacientes, por isso eles querem recompensa imediata. Eles não gostam de esperar as coisas acontecerem e não podem esperar pacientemente por um período de semanas e meses, muito menos de anos até que um esforço mostrar seus resultados. Eles almejam por resultados imediatos, por isso eles se distraem facilmente enquanto buscam alcançar algo. Por esta razão, às vezes, esta geração acha difícil realizar seus objetivos de longo prazo.

Os Millennials também querem resultados instantâneos porque eles amam avanços velozes em qualquer aventura ou empreendimento no qual eles se envolvem. Gerações antes deles vêem essa ânsia por avanços muito rápidos como sua principal fraqueza.

Os Millennials também são super-criativos e buscam inovação em qualquer coisa que fazem. Como qualquer rotina tende a aborrecê-los e deixá-los impacientes, eles procuram abordagens diferentes para fazer as coisas, o que os ajuda a encontrarem ideias e conceitos criativos.

Agora que já explicamos os traços básicos e as características chave dos Millennials, vamos discutir porque existem as diferenças de opinião entre eles especialmente os BabyBoomers.

Diferenças de Opinião entre as Gerações Y e os BabyBoomers

A diferença de opinião existente entre as Gerações Y e suas gerações ancestrais, em particular os Baby Boomers, existe por um número razões.

Necessidade de Socializar

Os Millennials amam socializar e gostam de trabalhar em grupos e equipes ao passo que os BabyBoomers e a Geração X sentem-se mais confortáveis quando trabalham individualmente. O primeiro grupo sente que rende mais quando trabalha sozinho ao passo que o primeiro acredita que trabalhando em equipe, leva a uma melhor criação e uma excelente troca de ideias de onde surgem abordagens mais novas, mais frescas, e melhores para concluir o trabalho.

Dependência da Comunicação Digital e Tecnologia

Neste livro, **Conheça os Millennials**, Leigh Buchanon escreve que a Geração Y é especialista na comunicação digital e confia muito na tecnologia avançada para realizar o seu trabalho. Este geração cresceu em uma época onde o uso da internet estava surgindo e a informação estava instantaneamente disponível. Eles não tinham que passar horas trancados em bibliotecas buscando minuciosamente em jornais velhos, diários publicados, e livros para encontrar informações porque o Google, Wikipedia, e outros portais de busca estavam ao seu dispor.

Por outro lado, Baby Boomers viviam em um tempo em que tais avanços e conveniências não estavam disponíveis. Eles tinham que trabalhar duro para encontrar as coisas einformações, por isso eles estão acostumados a buscas intensivas.

Pelo fato das informações estarem prontamente acessíveis aos Millennials, eles acham empolgante e fácil trabalhar em problemas singulares e desafiadores. Além disso, suas habilidades criativas lhes permitem procurar soluções mais fáceis para cada situação, por isso eles frequentemente procuram por atalhos para o sucesso.

No caminho inverso, os BabyBoomers enfrentaram um período muito difícil e tiveram que trabalhar extensivamente

a avaliem em detalhes e, então, que saibam se fizeram um bom trabalho. Se eles não desempenharam de acordo com os padrões, eles querem que você lhes diga como melhorar, em vez de apenas criticar seu desempenho.

Além disso, a Geração Y quer um feedback rápido sobre seu trabalho e quer que seus superiores Baby Boomer ou da Geração X sejam acolhedores. No entanto, os baby boomers não estão acostumados a oferecer avaliações de desempenho freqüentes e não costumam valorizar seus funcionários. Isto explica porque os trabalhadores millennial frequentemente sentem-se insatisfeitos quando trabalham para patrões Baby Boomer.

Todas essas razões destacam claramente por que existe uma grande lacuna de geração entre os Millennials e os BabyBoomers, e por que o último falha em liderar com sucesso o primeiro.

Agora, com isso fora do caminho, vamos discutir o que os patrões e gerentes Baby Boomers e da Geração X precisam fazer para reavivar seu relacionamento com os Millennial e liderá-los da melhor maneira possível.

Estratégias de Liderança para Lidar os Millennials: Mudar a Abordagem Padronizada

Mudar seu estilo de liderança e gerenciamento para se ajustar aos Millennials e fazê-los entender o que você deseja e espera deles é um processo que não acontece do dia pra noite. Requer que você siga alguns passos que te permitem liderar os Millennials com sucesso e aperfeiçoar suas habilidades.

O primeiro passo neste processo é mudar sua estratégia "padronizada".

Um estudo descobriu que Millennial não gostam quando baby boomers empregam a conhecida abordagem padronizada. Patrões Baby Boomers e da Geração X acreditam que uma abordagem ou sistema funciona bem para todo mundo e se um fator motiva um grupo de trabalhadores, ele estimulará o restante dos funcionários.

Os Millennials não são favoráveis a essa abordagem e acham que o modelo de trabalho precisa de revisões e mudanças para se adequar às necessidades de cada funcionário. A principal razão pela qual os Millennials e Baby Boomer não funcionam quando trabalham juntos sem dificuldade e eficaz é porqueos BabyBoomers esperam que os Millennials ajam conforme seus costumes antigos e tradições.

Para tornar o trabalho com seus funcionários millennials mais fácil e produtivo, é importante evitar a estratégia padrão e adotar o seguinte método para manter a força de trabalho da Geração Y engajada e feliz em seu trabalho.

Avalie o desempenho de seus funcionários regularmente

Para descobrir a melhor forma de lidar com seus funcionários millennials, primeiro, você deve avaliar seu desempenho regularmente; isto te ajudará a descobrir a maneira como cada funcionário trabalha.

Dê Feedback frequentemente

Depois de avaliar o trabalho realizado pelos funcionários da geração millennial, dê um feedback imediato.

Lembre-se, os Millennials não gostam de esperar por anos: querem melhorar seu trabalho agora. Para fazer o melhor uso de sua energia, imediatamente (ou o quanto antes) lhes dê o que eles procuram.

Ao dar o feedback, adicione listas de verificação para que eles saibam quais tarefas precisam fazer e quando. Além disso, ofereça muita ajuda e orientação substancial e significativa em áreas onde eles cometeram erros e se eles apresentarem algo inovador e eficiente, recompense-os ou pelo menos elogie-os por seu esforço. Os Millennials anseiam por apreciação; Dê isso a eles.

Em segundo lugar, ao lidar com os Millennials, pare de ser tão severo e cínico. Se eles falharem em fazer algo como você deseja, a razão pode ser a criatividade deles em criar novas ideias. Sente-se e fale com eles para descobrir como eles percebem as coisas. É provável que a ideia deles seja boa e precise do seu aconselhamento especializado para melhorá-la.

Além disso, quando você der feedback aos Millennials, discuta-o com eles para não deixar espaço para qualquer tipo de equívoco e mal-entendido. Como você e os Millennials têm padrões de pensamento diferentes, você também percebe as informações de maneira diferente. Ao discutir a avaliação, você explica seu ponto de vista e garante que eles façam as coisas como esperado.

Aceite suas ideias

Você também deve começar a se tornar mais aberto a idéias novas e únicas. Se você acha que abrir uma loja eletrônica não é importante para o crescimento do seu negócio, mas seu gerente de marketing millennial diz o contrário, se tiver capital para apoiar a ideia, experimente e avalie o crescimento dos negócios após a implementação da ideia. É provável que a ideia dele beneficie o seu negócio.

Realizar seminários e workshops

Organize seminários e workshops onde você tenha executivos, analistas e empresários experientes para conversarem com os funcionários millennials e baby Boomers. Isso expõe as gerações a novas ideias e estilos de trabalho.

Dê Responsabilidade à Gerência Intermediária

Em vez de dar toda a responsabilidade à alta administração, crie uma gerência intermediária que analise o trabalho e o desempenho dos funcionários e informe os principais gerentes. Eles devem avaliar individualmente cada trabalhador e não comparar um com o outro. Além disso, os funcionários devem ter certa discrição para tomar certas decisões, de modo que possam se sentir fortalecidos e como uma parte importante da organização. Isso garante que nenhum funcionário tenha que trabalhar de uma única maneira, o que, por sua vez, garante que todos os funcionários adotem métodos diferentes para obter o resultado desejado.

Ao usar essas estratégias, ficará mais fácil gerenciar sua força de trabalho milenar.

Depois de fazer isso, você pode passar para a próxima estratégia.

Conecte-se com Sua Força de Trabalho Millennial

Depois de ter mudado o modelo de trabalho, avance para a próxima etapa, que é a conexão com a força de trabalho da Geração Y. Isso é incrivelmente importante porque a falta de conexão é o que causa a lacuna de gerações.

Depois de se conectar à sua força de trabalho Geração Y, você entenderá melhor um ao outro, o que melhorará o envolvimento entre você e seus funcionários millennials. Quando você e seus funcionários se conhecem bem, você entende as necessidades uns dos outros e se agem em conformidade com isso. Isto garante crescimento progressivo e sucesso dentro da empresa.

Para ajudar sua organização a crescer a cada dia, você deve trabalhar para fortalecer seu relacionamento com os Millennials que trabalham em sua empresa.

Abaixo estão algumas estratégias e dicas para ajudar você a atingir esse objetivo.

Aumente o Tempo de Interação

Uma boa maneira de se conectar com seus funcionários e compreendê-los melhor é proporcionar a eles maior tempo de contato no local de trabalho. Isso significa que você precisa conhecer e interagir com eles regularmente. Reuniões regulares dão a você uma oportunidade de mais interação com eles e feedback constantes, o que aumenta o envolvimento.

Quando tiver uma reunião, esqueça sua atitude rígida e teimosa e interaja de maneira cordial com seus funcionários millennials. Os Millennials anseiam por uma interação amigável e contínua com seus superiores e não apreciam os superiores teimosos e rudes que agem como se soubessem tudo. Seja flexível e conecte-se com sua força de trabalho millennial de uma maneira amigável e com uma atmosfera amigável. Se você fizer um movimento, eles darão dois passos em sua direção e aumentarão o esforço deles em uma tentativa de impressioná-lo.

Peça Feedback

Além de fornecer feedback, peça aos Millennials para lhe dar feedback sobre seus esforços e habilidades gerenciais. Os Millennials gostam de receber e dar feedback. Quando você dá feedback, sua força de trabalho millennial vai usá-lo para melhorar e pedindo feedback sobre sua atitude, comportamento e estilo de liderança, você os informa de que deseja melhorar suas habilidades gerenciais e deseja que se sintam à vontade na organização Quando você chamar sua força e trabalho millennial para uma reunião, pergunte a eles como você pode se tornar um bom gerente, siga seus conselhos com sinceridade e implemente-os.

Envolva-se com os funcionários fora do local de trabalho

De acordo com AlimErginoglu, consultor de envolvimento de funcionários da Towers Watson, para se conectar com os funcionários, é importante envolver-se seus funcionários fora do local de trabalho. Os patrões bem-sucedidos se conectam e se relacionam com seus funcionários millennials dentro e fora do ambiente de trabalho.

Dê aos seus trabalhadores millennials tarefas e projetos ao ar livre que requeiram que eles saiam do local de trabalho e relaxem um pouco, porque às vezes, muita pressão tende a aumentar dentro do local de trabalho, dificultando a união entre você e seus Millennials.

Os compromissos externos dão a você e aos seus funcionários millennials uma oportunidade de se conectarem em um ambiente diferente. Em segundo lugar, dá aos Millennials a chance de se socializarem em novos ambientes, algo de que desfrutam imensamente.

Conquistar a Confiança Uns dos Outros

Uma ótima maneira de se conectar com funcionários millennials é ganhar a confiança uns dos outros e mantê-la. Para construir confiança, seja genuíno, transparente e autêntico. Seja seu verdadeiro eu ao lidar com seus trabalhadores millennials, mesmo que isso seja contrário ao que você deseja expor.

Por exemplo, se você é descontraído e relaxado, mas tenta se representar como um chefe extremamente teimoso que não se importa muito com os funcionários e exige a adesão estrita às regras, pare de ser artificial e seja seu eu real.

Por ser seu verdadeiro eu, você mostra a seus funcionários millennials o seu eu real e lhes dá uma oportunidade de melhor compreendê-lo. Isso os ajuda a serem também únicos, o que ajuda você a desenvolver um vínculo baseado na confiança e no entendimento.

Aceite seu talento e inteligência

Para se relacionar bem com os Millennials em sua empresa, além de fazer todos os itens acima, você precisa fazer mais uma coisa: aceitar que os Millennials são talentosos e inteligentes e que eles saibam que você valoriza seus conhecimentos e os considera ativos valiosos.

Sempre que convocar uma reunião com seus trabalhadores millennials, certifique-se de destacar as habilidades e os talentos de seus Millennials que trabalham duro e que eles saibam que você os valoriza. Se alguns Millennials estão lutando para provar a si mesmos, encoraje-os, aprecie-os por suas tentativas e deixe-os saber que você apoia sua busca por melhorias.

De acordo com Nicole Cunningham, uma Millennial e gerente sênior que aborda as experiências de funcionários na Knot Standard, embora os Millennials adorem trabalhar coletivamente em equipes, eles também são motivados individualmente. Preste atenção individualmente a cada um dos funcionários da Geração Y e incentive-os a continuar com seu bom trabalho.

Treine seus Millennials

Mais uma coisa que você precisa fazer para se conectar com seus Millennials é adotar um estilo de liderança mais centrado no treinamento. A geração millennial não gosta de a ditadura e de se sentir fora de controle. Se você continuar a gerenciá-los de maneira autoritária, os Millennials irão evitá-lo. Portanto, para desenvolver um grande vínculo com seus Millennials, atue como seu coach.

Abandone seu estilo tradicional de liderança e pare de se ver como seu chefe. Como coach, você terá que agir como seu guia e não como governante e, para isso, você deve ser humilde e gentil.

Trabalhe nessas estratégias; quando você fizer isso, você e seus Millennials desenvolverão um vínculo fantástico que beneficiará muito sua organização.

Valorize Sua Força de Trabalho Millennial e Dê a Eles a Chance de Crescer

Como dito anteriormente, os Millennials amam desafios e querem ser os melhores naquilo que fazem. Se eles sentem que não estão progredindo em sua linha de trabalho e não recebem desafios suficientes, logo perdem o interesse pela tarefa e ficam entediados. Quando o tédio chega, eles começam a procurar oportunidades em outros lugares e deixam sua empresa.

De acordo com KettiSalemme, gerente sênior de comunicação que trabalha no

TINYpulse, os Millennials rejeitam as regras convencionais pertinentes à cultura do trabalho e ao desenvolvimento de carreira. Eles buscam crescimento e desenvolvimento rápidos e não podem esperar para receber uma promoção.

Para manter sua força de trabalho millennial em sua organização, e para se beneficiar de suas habilidades e conhecimentos, você precisa dar a eles uma chance de crescer e se desenvolver. Assim, para fazer com que os Millennials se sintam desejados em sua empresa e tirar proveito de suas habilidades, o próximo passo que você deve executar é valorizá-los e proporcionar-lhes a oportunidade de crescer e se desenvolver. Você pode fazer o seguinte:

Dê-lhes projetos empolgantes e desafiadores

Dê à sua força de trabalho millennial alguns projetos super desafiadores e empolgantes para que seu interesse no trabalho e sua empresa permaneçam intactos. Forneça-lhes projetos e tarefas que promovam o rápido desenvolvimento e aprendizado experiencial. Isso ajudará você a manter seus Millennials atuais e a melhorar as habilidades de alguns novos funcionários talentosos.

Conheça os pontos fortes do seu Millennial e use-os de acordo

Um estudo realizado recentemente pela Gallup descobriu que os funcionários da Geração Y estão cientes de seus pontos fortes e querem que a organização em que trabalham valorize-os, bem como sua contribuição para a empresa.

Se a sua força de trabalho milenar não está feliz e insatisfeita com você, a razão pode ser porque você não tem conhecimento de seus conhecimentos e talentos e os colocou em departamentos onde eles não podem utilizar seu potencial da melhor forma possível. Isso significa que eles não terão um crescimento rápido porque, quando os Millennials fazem algo de que não gostam ou não são bons, eles não o fazem de todo o coração e nunca querem se destacar.

Para garantir o crescimento da sua empresa, é essencial que você estude os Millennials que estão trabalhando para você e identifique seus pontos fortes. Depois que você souber onde estão seus pontos fortes, coloque-os em departamentos e funções onde eles possam utilizar plenamente seus talentos e fazer o melhor uso de seu potencial único.

Por exemplo, se você colocou um Millennial com um diploma de contabilidade no departamento de contabilidade, pergunte a este funcionário se ele ou ela realmente gosta de contabilidade; se não, coloque esse funcionário em um departamento adequado. Da mesma forma, se uma funcionária da Geração Y gosta de trabalhar ao ar livre, mas atualmente está trabalhando como sua secretária pessoal, faça com que a funcionária faça algo empolgante.

Para descobrir o que a sua força de trabalho millennial faz melhor e acha agradável, você terá que se conectar com eles. Isso ajudará você a entendê-los melhor e usar corretamente suas qualidades, talentos e atributos únicos. Quando você deixa os millennials fazerem coisas de que eles gostam e são bons, naturalmente, eles se interessam muito pelo trabalho deles, o que os ajuda e a empresa a crescer.

Ofereça promoções rápidas

Outra estratégia poderosa que você pode usar para ajudar seus funcionários millennials a crescer, bem como manter seus interesses em sua empresa intactos, é promovê-los de forma rápida e acelerada. Em vez de promovê-los após 3,

5 ou 10 anos, promova-os a cada seis ou doze meses. Essa abordagem proporciona aos seus millennials uma recompensa após cada período menor, o que os mantém felizes.

Como você não pode promover um funcionário no mesmo nível gerencial a cada seis meses, crie muitos novos posições e adicione mais deveres e responsabilidades a cada posição. Por exemplo, divida de posição de simples de gerente de Marketing em quatro ou cinco posições e adicione uma nova responsabilidade e um aumento no pagamento em cada nível.

Alinhe seu Trabalho com seus Interesses e Valores

Outra estratégia eficaz que você pode usar para ajudar seus millennials a crescer, além de mantê-los envolvidos em sua empresa, é alinhar o que eles fazem com seus valores e princípios fundamentais. Descubra o que seu funcionário millennial mais valoriza individualmente, o que ele se esforça para alcançar e, em seguida, encontre uma maneira de incorporá-lo em seu trabalho. Isso torna seu trabalho mais empolgante e desafiador, e faz com que os millennials sintam que você realmente os valoriza.

Por exemplo, se um funcionário millennial gosta de se relacionar com pessoas e trabalhar no departamento de RH, você pode transformar esse funcionário no líder da equipe de uma pesquisa relacionada ao recurso humano. Dessa forma, você junta seus interesses com a sua função e os mantêm envolvidos em seu trabalho. Descubra com o que seus Millennials se importam e alinhe-os com o trabalho deles.

Preste atenção neste conselho. Se fizer isso, a sua força de trabalho e subordinados millennials gostarão do seu trabalho porque você lhes proporciona um crescimento rápido e encorajamento.

Aproveite Sua Afinidade com Tecnologia e Rede de Contatos

Depois que você construiu um bom relacionamento com seus Millennials, dê a eles oportunidades de crescimento e comece a usar seus pontos fortes, você deve seguir para a etapa final do processo: capitalizar com sua incrível afinidade com tecnologia avançada e rede de contatos. Aqui está como você pode executar este passo.

Incorporar a Tecnologia que eles usam no seu Local de Trabalho

Organize uma reunião com seus funcionários millennials e pergunte sobre todos os diferentes dispositivos tecnológicos, software, aplicativos e avanços que eles usam em sua vida pessoal ou profissional; pergunte-lhes como você pode integrar estas tecnologias no ambiente de trabalho. Esta reunião será muito importante para a sua vida profissional e ajudará você a revolucionar sua empresa.

Por exemplo, se você não tem muita intimidade com Pinterest e outros fóruns de mídia social que podem ajudar você a anunciar e promover seu negócio, pergunte aos seus Millennials como usar melhor essas plataformas para melhorar o marketing. Isso vai ajudá-lo a tirar proveito de seu amor pela tecnologia e isso fará com que eles sintam que desempenham um grande papel na empresa e isso os fará trabalhar ainda mais.

Aproveite Seu Amor por Rede de Contatos

Junte-se a seus trabalhadores millennials e leve-os a diferentes reuniões e eventos profissionais. Ao fazer isso, você construirá sua credibilidade como líder e criará um vínculo mais forte com sua força de trabalho millennial, o que beneficiará muito sua empresa.

Conclusão

Obrigado novamente por baixar este livro!

Como este livro mostrou claramente, liderar os Millennials não é tão difícil quanto a maioria dos babyboomers acredita ser; de fato, liderar efetivamente a geração millennial exige nada mais que um pouco de tática, paciência e esforço.

Espero que este livro o ajude a entender o que você deve fazer para liderar com êxito a força de trabalho da Geração Y e aproveitar seu potencial.

Obrigado e boa sorte!

Parte 2

INTRODUÇÃO

Gostaria de agradecer e lhe parabenizar por baixar este livro.

"Um líder é aquele que sabe o caminho, segue o caminho e mostra o caminho." – John C. Maxwell

Um líder brilhante e influente é aquele que sabe seu objetivo, tem uma estratégia para alcançá-lo, atinge este objetivo e então guia sua equipe para que façam o mesmo. Entretanto, conduzir uma equipe nem sempre é uma tarefa fácil. Você enfrentará inúmeros obstáculos que podem desmotivar você e te distrair do seu objetivo. Esses obstáculos incluem falta de comunicação adequada e desconfiança. Se você está sofrendo com estes problemas e acha difícil liderar sua equipe, este livro é a solução perfeita para você.

Esse livro irá ensinar como se tornar um líder fantástico. Ele contém informações práticas e efetivas sobre como ser um líder melhor, para que você influencie sua

44

equipe e construa líderes brilhantes dentro dela. O livro irá guiá-lo sobre como se comunicar efetivamente com a sua equipe e motivar seus membros a se tornarem incríveis naquilo que fazem, para que eles possam contribuir para atingir os objetivos definidos.

Obrigada novamente por baixar o livro. Espero que goste!

QUEM É UM LÍDER E A IMPORTÂNCIA DA BOA CAPACIDADE DE COMUNICAÇÃO NA LIDERANÇA

"Se suas ações inspiram outros a sonhar mais, aprender mais, fazer mais e se tornar mais, você é um líder." – John Quincy Adams

Essa citação mostra claramente que o trabalho de um líder não é apenas dar ordens. Um bom líder é aquele que consegue inspirar outros a definir metas maiores, bem como motivá-los a ir além de onde estão hoje e aprender mais. Um líder também encoraja seus seguidores a usar o que eles aprenderam da melhor maneira possível para que eles façam muito mais do que eles acreditam serem capazes e se tornarem a melhor versão de si mesmos. Se você quer se tornar um líder brilhante, é exatamente isso que você deve fazer.

A maioria dos líderes e coaches pretendem influenciar sua equipe efetivamente e ajudá-la a trabalhar melhor, mas de alguma forma falham em atingir esse objetivo. Normalmente, isso acontece porque lhes falta duas características de um líder carismático: saber se comunicar efetivamente com seus membros e confiar na equipe.

Se você pretende elevar sua empresa a um outro patamar e melhorar a forma que sua equipe trabalha, primeiro você deve aprender a se comunicar efetivamente e estar confiante com a sua equipe. Deixe-me explicar a importância desses dois aspectos:

POR QUE É IMPORTANTE SE COMUNICAR EFETIVAMENTE QUANDO SE ESTÁ LIDERANDO PESSOAS?

O que você faz se quiser que uma criança de três anos de idade desenvolva o hábito de escovar os dentes regularmente? Obviamente, você diz a ela o quanto este hábito é bom para ela e então a recompensa com seus mimos favoritos quando ela escova os dentes. Ainda mais, você escova seus dentes na frente dela, indiretamente dizendo que o que é bom para você é bom para ela. Eventualmente, a criança irá aprender a ter bons hábitos.

Você foi capaz de atingir aquele objetivo porque você se comunicou da forma certa com seu filho. Você entendeu a dificuldade dele em se adaptar ao novo hábito, mas ao invés de perder a paciência, ensinou calmamente e ele aprendeu.

Da mesma forma, para fazer as pessoas te escutarem e conseguir que elas façam o que você quer, você precisa se comunicar bem. Você precisa ser paciente, calmo, compreensivo e gentil com elas para expor suas preocupações e ideias efetivamente. Se você não é bom em se comunicar com sua equipe, você nunca irá fazê-los entender onde eles podem estar errando ou até corrigi-los de modo que eles queiram aprender o correto.

"Comunicação – a conexão humana, é a chave para o sucesso pessoal e profissional." Paul J. Meyer

PORQUE CONQUISTAR A CONFIANÇA DA SUA EQUIPE

Você não pode ser um líder se não tiver a quem liderar. Por outro lado, se as pessoas que você lidera não te apoiam, você terá problemas para conseguir liderá-los. É por isso que um líder precisa conquistar a confiança de sua equipe.

Se os membros da sua equipe confiam em você, eles sabem que você está fazendo a coisa certa e, até quando você assumir grandes riscos, eles irão apoiá-lo e trabalhar com zelo. Inclusive, quando eles confiam em você, é mais fácil de influenciá-los. Quando sua equipe acredita em você e ouve o que você tem a dizer, você pode inspirá-los a se arriscar, sair de sua zona de conforto, e aumentar sua produtividade.

Uma vez que existe confiança na sua equipe e você consegue se comunicar efetivamente, o próximo passo é entender sua equipe e a diversidade de seus membros. Vamos aprender mais sobre isso no capítulo a seguir.

ENTENDENDO A DIVERSIDADE NA SUA EQUIPE

Sempre que um líder falha em reconhecer a diversidade de gerações em sua equipe, existe uma barreira na comunicação entre os dois lados. Deixe-me falar mais sobre a diversidade de gerações e apresentar estratégias práticas para quebrar essa barreira entre você e sua equipe.

SUA EQUIPE PROVAVELMENTE TEM UMA MISTURA DE GERAÇÕES

Se você nasceu entre os anos de 1967 e 1979, você se encontra na categoria da Geração X. Entretanto, se você nasceu entre os anos de 1943 e 1964, você faz parte da Geração "Baby-Boomer". A Geração Y compreende aqueles nascidos entre 1980 e 2000, também conhecida por "Millennial", que são os viciados em redes sociais. Pertencem à Geração Z todos aqueles que nasceram entre 2001 e 2013. Para a finalidade deste livro, iremos focar em equipes formadas por membros que se encaixam nas categorias da Geração Y e Z.

Para liderar com sucesso uma equipe composta por Millennials e pela Geração

Z, é importante entender suas necessidades, características e exigências, pois uma vez que você entende o que os move, motiva e inspira, você pode incorporar esses elementos em seu estilo de liderança e se colocar em uma posição melhor para treinar sua equipe. Aqui estão algumas características deste grupo:

- Paixão por interação social

Diferentemente dos Baby-Boomers e da Geração X, os Millennials e a Geração Z amam socializar e interagir com pessoas. Você irá notar que eles trabalham bem em grupo. Trabalhar em equipe permite que os Millennials debatam ideias melhor, fazendo com que eles elaborem conceitos melhores e inovadores.

Quando estiver liderando eles, entenda que os manter isolados não é a melhor forma de extrair o melhor de seus talentos e habilidades ou de torná-los produtivos. Você precisa deixá-los crescer dando aquilo que eles mais precisam: mais interação e oportunidades de socializar.

- São aficionados por tecnologia

No mundo atual, não se pode ignorar a importância da tecnologia e comunicação digital. Os Millennials e a Geração Z são os mais afetados por isso, visto que eles tem isso incorporado em todas as áreas de sua vida.

Essas gerações amam o que é rápido e fácil, e a tecnologia possibilitou que eles tivessem tudo rápido e fácil. Por exemplo, eles podem comprar algo com apenas um clique do mouse sem perder tempo indo a lojas, ou podem resolver um problema qualquer apenas pesquisando na internet.

Se você for liderar uma equipe dessas, você precisa estar atento com as tecnologias. E mesmo que você não esteja, permita que eles estejam e fique aberto para novas ideias e tecnologias. Se você ficar estagnado com suas ideias e tecnologias antiquadas, você não irá conseguir se conectar com eles.

- Querem mais cara-a-cara e feedbacks

Os Millennials anseiam por mais contato pessoal com seus superiores. Eles querem interagir e discutir ideias com você, como um mentor. Eles estarão mais abertos a aprender com você se você interagir com eles ao invés de ficar na sua salinha bancando o chefão. Além disso, quanto mais você interagir com eles, melhor irá entendê-los.

Millennials também são uma geração impaciente e esperam um feedback imediato de seu desempenho nas atividades executadas. Eles não gostam de ter que esperar dias para ter sua performance avaliada, porque querem evoluir rápido. Se você tem o hábito de adiar a avaliação de desempenho, isso explica o motivo de sua equipe estar sempre inquieta e sentir-se desvalorizada, o que apenas resulta em lentidão e baixa produtividade.

- Gostam de ter o controle das coisas

Os Millennials gostam de estar no controle da situação. Atribua um projeto a eles e delegue responsabilidade o suficiente e verá que eles estarão menos propensos a te decepcionar comparado a quando você tenta fiscalizar tudo. Deixe-os livres para explorar seu potencial, pois fiscalização exagerada apenas irá resultar em rebeldia.

- Amam estar no comando

Os Millennials amam estar no comando das coisas e querem que as gerações mais velhas entendam que aqueles em posição de autoridade não precisam controlá-los. Ainda mais, se eles dão uma sugestão, eles querem trabalhar em cima dela e fazer as coisas do jeito deles, ao invés de sempre pedir permissão, autorização ou consentimento de seus superiores Baby-Boomers.

Tamara Erickson escreveu um artigo na edição de Fevereiro de 2009 da "Harvard Business Review"explicando que, como uma Millennial, ela esperava conseguir uma chance de ir atrás de suas ideias e concretizá-las, e esperava também que seus superiores, muitos deles sendo Baby-Boomers, entendessem que os modelos de trabalho haviam mudado e eles deveriam se adequar ao estilo dos Millennials para trabalhar com eles sem atritos.

Agora que você sabe de alguns importantes traços característicos dos

Millennials e da Geração Z, comece a procurar por esses traços na sua equipe para entendê-la melhor. Observe sua equipe de perto por uma semana ou duas, e note a necessidade de socialização, melhor uso da tecnologia, controle e mais contato pessoal com você. Isso irá te ajudar a se relacionar e a se comunicar melhor com eles.

Passe para o próximo capítulo para descobrir estratégias eficazes que você pode usar para expor para os membros da sua equipeos objetivos da sua empresa, seu propósito e expectativas sobre eles, de forma a maximizar o potencial da equipe e atingir seu objetivo principal.

ESTRATÉGIAS EFICAZES DE COMUNICAÇÃO QUE VOCÊ DEVE USAR PARA LIDERAR E INFLUENCIAR SUA EQUIPE

Uma boa comunicação é uma via de mão dupla, ou seja, necessita da colaboração das duas partes. Se você ficar "de falação" e distribuindo ordens para sua equipe, você irá desgastá-los rapidamente e poderá fazer com que eles desistam de trabalhar com você. Para dominar a arte da comunicação eficaz, aqui está o que você deveria fazer.

DESCUBRA O QUE OS MEMBROS DA SUA EQUIPE PRECISAM

De acordo com Tony Robbins, nós devemos perceber que somos todos diferentes na forma que vemos o mundo e nós devemos usar esse entendimento como guia ao nos comunicarmos com os outros.

A comunicação eficaz começa quando você entende que a pessoa com a qual você está tentando conversaré uma pessoa completamente diferente e pode ter percepções ou necessidades diferente das suas. Para se comunicar de modo eficaz com a sua equipe, é exatamente isso que você deve fazer.

Entender as necessidades individuais da sua equipe e então descobrir uma forma de incorporar a satisfação dessas necessidades no trabalho que eles fazem é o melhor modo de alavancar a produtividade da equipe, bem como da sua marca.

A sua equipe não se importa com o seu objetivo final se o processo de trabalho para chegar lá é egoísta. Entenda que os membros da sua equipe têm seus próprios interesses e necessidades também. Se você ignorar essas necessidades e nunca tentar entendê-las, é provável que os membros da sua equipe vão desistir de buscar a excelência. Por exemplo, se um dos membros da sua equipe ama novos desafios, mas você peca em lhe dar tarefas desafiadoras, ele provavelmente ficará entediado com o tempo e irá se demitir assim que encontrar algo mais interessante em outro lugar.

Do mesmo modo, se você é o treinador de um time de basquete e um dos jogadores quer mais reconhecimento, mas você não o deixa ficar no centro das atenções, ele poderá mudar para outra equipe em que se sinta reconhecido.

Você não quer que os membros da sua equipe se demitam e nem comprometer seu objetivo final, certo? Nesse caso, é melhor você começar a se interessar no que sua equipe deseja e então buscar formas de alinhar essas necessidades com as suas metas, para satisfazer os dois lados. Aqui estão algumas formas ótimas de se fazer isso:

- Escute sua equipe

"Nós temos dois ouvidos e apenas uma boca, para que possamos escutar duas vezes mais do que falamos." – Epiteto

Epiteto nos mostra o porquê é importante ouvir mais para ser um bom comunicador. Aprenda a ouvir os membros da sua equipe e sempre lhes dê a oportunidade de expressar suas opiniões e ideias. Isso irá ajudá-lo de diversas formas.

- Essa é uma maneira de mostrar a eles que a opinião deles importa. Uma vez que eles sabem que você valoriza as ideias deles, eles se tornam francos com você e são mais propensos a desenvolver novas ideias para lhe ajudar a crescer.

- Você faz com que eles se sintam ouvidos e não ignorados por você, o que dá a eles uma sensação de pertencimento que pode motivá-los a trabalhar duro para melhorar as coisas.

- Você entende suas necessidades profissionais e expectativas e pode facilmente alinhá-las com os seus objetivos, de modo que você poderá satisfazê-los sem comprometer seus objetivos.

- Você se depara com ideias inovadoras, muitas das quais podem te ajudar a melhorar sua produtividade.

Comece a ouvir mais sua equipe se quiser que essas coisas aconteçam. Faça uma reunião de equipe toda semana, ou até várias vezes na semana, e descubra o que sua equipe precisa de você, da empresa ou da própria carreira. Você pode pedir a todos os membros da equipe que expressem suas opiniões, e se alguém se sentir desconfortável de fazer isso diante do grupo, peça que lhe procurem em particular.

Às vezes, você pode não ter muito tempo a disposição para atender às necessidades de todos. Neste caso, escreva pequenos e-mails aos membros da equipe ou realize uma reunião mensal focada neste tópico e então mantenha a comunicação via e-mail ou mídias sociais, o que funcionar melhor para você.

- Observe seus padrões de trabalho

Uma vez que você tem uma compreensão melhor das necessidades da sua equipe, observe seus padrões de trabalho. Dessa forma, você pode perceber seus pontos fortes e fracos. Você pode usar essa informação para atribuir tarefas que se alinhem com qualidades de cada um, o que aumenta a produtividade. Isso também te ajuda a aperfeiçoar e incentivar o crescimento dos membros da sua equipe. Por exemplo, um membro da equipe pode acreditar ser melhor em marketing. Entretanto, quando você o observar, vai perceber que ele é melhor em lidar com pessoas e transferi-lo para o departamento de Recursos Humanos irá ajudá-lo a crescer, e sua empresa também. Naturalmente, quando você descobrir os pontos fortes e os pontos fracos da sua equipe, compartilhe com eles essa descoberta para que eles se tornem mais conscientes de si mesmos.

É fácil se interessar em alguém que se interessa por você, portanto, quando eles virem você se interessando por eles é mais provável que o interesse deles no trabalho aumente também, já que você não se importa apenas com desempenho ou dinheiro, mas também com o bem-estar deles.

- Mude o modelo de "tamanho único"

Millennials detestam o modelo de "tamanho único", aquele que deve servir para todos. Eles não valorizam essa abordagem porque isso os limita de testar novos enfoques e os força a trabalhar de acordo com modelos antiquados.

Uma vez que você sabe os pontos fortes e fracos de todos, bem como o que eles gostam e não gostam, você pode incentivá-los a explorar seu potencial sem sobrecarregá-los ou limitá-los. Você deixará cada um trabalhar de acordo com suas capacidades e em seu tempo, desde que todos contribuam para atingir a principal meta.

Faça mudanças para a forma que sua equipe trabalha e crie uma abordagem "sob medida" para que cada membro se sinta mais confortável no ambiente de trabalho. Obviamente, isso não significa que você deva abrir mão de seus princípios fundamentais e valores; isso jamais deverá ser afetado. Ainda, sempre que se deparar com um erro ou baixo desempenho, não generalize. Resolva o problema de forma particular com a pessoa responsável.

- Exponha claramente para sua equipe o propósito da empresa e as responsabilidades do cargo

Uma comunicação boa e eficaz sempre exige clareza. Para garantir que sua equipe entenda o que você precisa deles, exponha suas preocupações, o propósito da empresa, sua visão e a responsabilidade de seus cargos muito claramente para sua equipe.

Quando você tiver um membro novo na equipe, certifique-se de passar uma visão completa da identidade da empresa, como ela funciona, sua visão e missão, e o que você espera de seus funcionários. Além disso, conduza reuniões mensais nas quais você reforça para a equipe qual é o propósito da empresa ou seu objetivo principal, e o que você espera deles. Seja o mais claro e preciso possível. Todos os membros da equipe devem saber seu papel específico na concretização dos objetivos propostos.

Um estudo demonstrou que surpreendentes 63% dos funcionários desperdiçam seu tempo de trabalho porque estão mantendo-se "ocupados" sem ter uma tarefa específica para desempenhar. Você não quer que isso aconteça na sua empresa, não é mesmo? Neste caso, comece a dar instruções claras para seus funcionários e determine objetivos concretos, específicos e alcançáveis para que eles busquem atingir.

- Crie uma gestão intermediária

Em complemento a tudo o que foi falado anteriormente, crie uma gestão intermediária que avalie sua equipe e funcione como um intermediário entre ela e a gestão superior. Isso torna o seu trabalho mais fácil e lhe permite conhecer e entender melhor as necessidades da sua equipe, já que eles podem ser mais fechados com você e preferir se abrir com esses gestores. Certifique-se de que a gestão intermediária avalie os membros da equipe individualmente e não faça comparações entre eles.

- Interaja mais com a sua equipe fora do ambiente de trabalho

Se possível, agende reuniões regulares e encontros com a sua equipe fora do local de trabalho. Isso lhe permite interagir em um ambiente mais confortável. No ambiente de trabalho, tudo que se pensa é trabalho, finalização de projetos e cumprimento de metas, o que pode fazer com que você pareça rígido e até uma pessoa antipática.

Porém, interagindo com a sua equipe fora do trabalho, você consegue socializar com eles em um ambiente mais leve, e nessas situações é mais provável que você consiga conhecê-los de verdade. Neste meio tempo, esqueça que você é o chefe e apenas interaja e converse livremente com os membros da sua equipe. Essas interações fazem com que você seja visto como alguém que eles podem se identificar, o que torna mais fácil trabalhar com eles.

Enquanto você desenvolve essas estratégias, vocêcomeçará a observar uma mudança positiva no comportamento da sua equipe. Eles irão ser mais abertos com você, trarão ideias melhores e estarão mais motivados a buscar a excelência.

Além de quebrar a barreira de comunicação entre você e seus funcionários e, é claro, fortalecer o vínculo com eles, você ainda precisará conquistar a confiança deles e inspirá-los a aceitarem desafios positivamente para se tornarem melhores. Os próximos dois capítulos irão focar neste aspecto e lhe ajudar a conquistar a confiança da sua equipe para se tornar um líder notável.

CONQUISTANDO A CONFIANÇA DE SUA EQUIPE E FUNCIONÁRIOS

É muito fácil trabalhar com as pessoas que tem confiança em você e na sua capacidade de criar uma visão para elas. Se você colocar em pratica todas as diferentes estratégias discutidas no último capítulo, você irá conquistar aos poucos a confiança da sua equipe e poderá facilmente guiá-los e influenciá-los de maneira positiva. Esse capítulo irá focar em técnicas e métodos mais eficazes para conquistar a confiança de seus funcionários.

CONTRUA RELACIONAMENTOS SAUDÁVEIS

Desenvolver uma relação saudável com os membros da sua equipe é o primeiro passo para conquistar a confiança deles. Para construir um relacionamento, seja verdadeiro, sincero, confiável e transparente. Seja você mesmo, porque ninguém gosta de quem é falso ou arriscaria confiar em alguém assim. Se você é tranquilo e amigável, seja amável com seus funcionários ao invés de fingir

67

ser um chefe rígido e cruel que não se importa com ninguém.

Por outro lado, não tem problemas se você for rígido, desde que você entenda que ser um pouco flexível vai ajudá-lo a conquistar a confiança da sua equipe e a construir um relacionamento duradouro com eles. Tudo bem ser rígido quando se tratar de trabalho e prazos, mas também os apoie e oriente quando falharem. Desse modo, você ganhará aos poucos a confiança deles e caminhará lado a lado com eles para garantir o sucesso da sua empresa.

ALINHE O TRABALHO COM SUAS PAIXÕES, INTERESSES E TALENTOS

"Não conheço nenhuma fórmula única para o sucesso. Mas ao longo dos anos, tenho observado que alguns atributos de liderança são universais e são muitas vezes sobre encontrar maneiras de encorajar as pessoas a conjugarem os seus esforços, talentos, ideias, entusiasmo e inspiração para trabalharem juntos." – Rainha Elizabeth II

Essa citação da Rainha Elizabeth mostra uma ótima maneira de conquistar a confiança das pessoas. Combinar as paixões, interesses e habilidades pessoais da sua equipe para trabalharem em conjunto de forma que seus membros fiquem mais entusiasmados e felizes com o trabalho mostra que você os conhece e se importa com eles. Quem não depositaria sua fé e confiança em alguém que se importa e quer lhe fazer feliz? Vindo de alguém que lidera e governa centenas de milhares de pessoas como ela, essa estratégia funciona.

Como eu disse antes, essa técnica funciona porque quando sua equipe vê você indo além para fazer a experiência de trabalho deles agradável e interessante, ela naturalmente desenvolvem uma quedinha por você e começam a te ouvir, sinal de que você tem a confiança deles.

Para entender o que estou sugerindo, pense no exemplo a seguir: você é dono de uma empresa de editoriais e consultoria e um membro da sua equipe adora cachorros, é apaixonado por redação e é um escritor talentoso, logo,você poderia atribuir a ele mais projetos sobre cachorros.

VALORIZE E RECOMPENSE SUA EQUIPE

Imagine que você está trabalhando para um chefe que frequentemente valoriza todos os membros da sua equipe. Por exemplo, se alguém entrega o relatório de um projeto dentro do prazo, ele imediatamente envia um e-mail para essa pessoa dizendo "bom trabalho!". Se alguém conclui com sucesso um projeto grande, ele o recompensa com algo que o interesse, por exemplo, dando-lhe um bônus. Como você acha que um funcionário reagiria a esse tratamento? Eles ficarão mais entusiasmados no trabalho, nem que seja apenas para ganhar recompensas. Ainda mais, começariam a valorizar mais o chefe.

Isso mostra que uma ótima forma de ganhar a confiança de seus funcionários e deixá-los mais motivados com o trabalho, é valorizar e recompensar a equipe regularmente. Acompanhe a performance de seus funcionários e reconheça aqueles que estão indo bem.

Além disso, dê recompensas que realmente os interessem, para mostrar que você os conhece como indivíduos. Por exemplo, se um membro da equipe é fã dos Lakers, dê a ele ingressos para o próximo jogo do time, mas é claro que apenas se ele executar bem o trabalho.

Entretanto, as vezes, é difícil de manter-se atualizado com a performance da sua equipe o tempo todo. É aqui que a gestão intermediária se torna útil. Peça a eles que te mantenham informado sobre a performance de seus funcionários para que você saiba como todos estão trabalhando.

CULTIVE UMA CULTURA DE RESPONSABILIDADE

Se você está trabalhando com Millennials, você deve saber que eles gostam de ter responsabilidade, autoridade e poder. Para ganhar sua confiança, é importante dar a eles responsabilidade sobre suas tarefas e metas específicas. Torne-os responsáveis pelos seus resultados, cada um com sua própria tarefa.

Uma vez que você atribui tarefas às pessoas, não os fiscalize minuciosamente para que eles não sintam que você está interferindo em seu trabalho. Quando você dá uma tarefa a um funcionário e não se intromete, eles irão sentir que você confia e acredita neles e, consequentemente, eles estarão mais propensos a acreditar e confiar que você é um ótimo líder para a equipe. Algumas tarefas podem exigir supervisão e acompanhamento constante, mas ao invés de ficar cercando quem está trabalhando nelas, estabeleça etapas e faça uma revisão de cada uma delas.

A responsabilização não se aplica somente aos funcionários. Você também precisa se responsabilizar pela sua performance como líder. Isso funciona para dar um bom exemplo. Por exemplo, você não pode estar atrasado nas suas tarefas e de alguma forma esperar que todos os outros sejam produtivos. Como um líder, você é quem determina o ritmo, então dê um bom exemplo.

AJUDE OS MEMBROS DA EQUIPE A CRESCER

Pense em um momento em que o seu mentor ou alguém que se importa com você te deu uma chance de crescer e se aperfeiçoar. Por exemplo, quando sua mãe te encorajou a correr atrás do seu sonho de cantar, ou quando um tio que você admirava te contratou como aprendiz em sua empresa, para que você pudesse aprender mais sobre algo que ele fazia e que te interessava.

Eles te deram uma chance de crescer e evoluir e, com isso, conquistaram sua confiança em troca. Sempre que essas pessoas te pediram para fazer algo ou te aconselharam, você provavelmente seguiu fielmente seus conselhos e fez questão de agradá-los. Se você quer que a sua equipe confie e conte com você, é exatamente isso que você deve fazer.

Você precisa apoiar e encorajar o crescimento pessoal deles. Para fazer isso, você pode disponibilizar livros sobre crescimento pessoal e capacitação, patrocinar a participação em palestras e workshops sobre estes assuntos, ou dar a eles plataformas para exibir suas habilidades.

Se você colocar em prática essas estratégias, logo você terá sua equipe ao seu lado e os terá como discípulos que te apoiarão em tudo. Para garantir que você continue os incentivando a melhorar, também é importante que você inspire sua equipe e crie líderes dentro dela. Veremos sobre isso no próximo capítulo.

ASSUMA A RESPONSABILIDADE

Na maioria das vezes, as pessoas são rápidas para apontar culpados quando algo dá errado. Não seja aquele que está procurando um bode expiatório para ser demitido. Ao invés disso, assuma a culpa. Se a sua equipe te vê assumindo a responsabilidade por algo que não foi inteiramente sua culpa e respondendo a um superior para protegê-los, você terá conquistado a sua confiança. Como um líder, aprenda a aceitar a responsabilidade pelas coisas boas e as coisas ruins da equipe, e não a sempre procurar um culpado.

COMO INSPIRAR SUA EQUIPE E CONSTRUIR LÍDERES

"Liderança não é sobre um título. É sobre impacto, influência e inspiração. Impacto envolve atingir resultados, influência é sobre espalhar a paixão que você tem pelo seu trabalho, e você precisa inspirar colegas de equipe e clientes." – Robin S. Sharma.

Você já aprendeu os diferentes modos de causar impacto na sua equipe ao se comunicar de forma eficaz e confiando nas habilidades dos membros da sua equipe. Agora é hora de aprender como influenciar e inspirar sua equipe para que eles elevem o nível de seus talentos e habilidades e, no futuro, possam se tornar líderes ainda melhores que você.

Em um ambiente de trabalho, você obviamente precisará de mais líderes para administrar a empresa conforme ela cresce. Para garantir que você não tenha que sair caçando líderes fora da empresa, construa líderes de dentro inspirando sua equipe.

Aqui está como você pode influenciar e inspirar seus funcionários:

- Dê desafios

Conforme você avaliar constantemente a performance de seus funcionários, você encontrará alguns que se destacam. Dê desafios novos e intrigantes para esses membros da equipe e os faça ir além de seus limites para que eles se tornem ainda mais incríveis no seu trabalho. Revise a performance destes funcionários e descubra quais deles se saíram extremamente bem. Faça uma reunião individual com esses candidatos pré-selecionados e comece a orientá-los sobre como liderar outras pessoas. Inicie uma mentoria para que eles se tornem os líderes que você espera que sejam.

- Tome as atitudes fortes e importantes na hora certa

O seu trabalho como líder não é sempre levantar o ânimo da equipe. O seu trabalho também é torná-los fortes e encorajá-los a serem os melhores em suas funções. Para fazer isso, as vezes você terá que tomar decisões que podem não agradar a todos.

Se você encontrar um funcionário relaxado dentro da equipe, se livre dele. Nada prejudica mais a equipe e sua produtividade do que um relaxado, pois uma hora a atitude se espalha para os outros, então tenha certeza que não existe um deles na sua equipe.

Quando o resto da equipe vê você tomando uma atitude forte para a melhoria da empresa e o objetivo final, eles sabem que não há tolerância para relaxo e que eles terão que subir o nível para manter-se na equipe. Isso também dá um bom exemplo de uma liderança justa, mas não fraca.

- Seja um modelo a seguir

Se você pratica aquilo que prega, você irá inspirar sua equipe de forma fácil e instantânea. Para influenciá-los, seja um modelo a seguir e, para isso, você precisa realmente seguir seus próprios princípios primeiro para dar um bom exemplo a ser seguido.

Por exemplo, se você quer que nadadores não fumem ou bebam para melhorar sua resistência, não fuma ou beba só porque você não estará nadando na competição. Se comprometa a fazer o mesmo que eles para inspirá-los. Se você quer que sua equipe trabalhe 9 horas por dia durante duas semanas ao invés de 7, trabalhe 9 horas diárias também. Quando eles veem você seguindo as regras, eles são mais propensos a fazer o mesmo. Ainda, os ensine a assumir os próprios erros ao assumir os seus e então se desculpando por eles. Isso cultiva honestidade e sinceridade na equipe.

CONCLUSÃO

Obrigada novamente por baixar esse livro! "No final das contas, liderança não é sobre atitudes gloriosas. É sobre manter sua equipe focada em um objetivo e motivada a dar o seu melhor para atingi-lo... É sobre preparar o terreno para o sucesso de outros..."

Esse livro é fiel à citação acima para que você se transforme num líder melhor, então coloque em prática as estratégias contidas nele e se torne o melhor líder que sua equipe já teve!

Obrigado e boa sorte!

www.ingramcontent.com/pod-product-compliance
Lightning Source LLC
Chambersburg PA
CBHW071245020426
42333CB00015B/1633